KB170841

내 몸을 쓰고, 그리고, 탐구하는 시간

페미다이어리

초판 1쇄 인쇄 2018년 11월 2일
초판 1쇄 발행 2018년 11월 16일

지은이 이자벨라 버넬
옮김 홍주연

펴낸이 이상순
주간 서인찬
편집장 박윤주
제작이사 이상광
기획편집 한나비, 김한솔, 김현정, 이주미
디자인 유영준, 이민정
마케팅홍보 이병구, 신희용, 오은애

펴낸곳 (주)도서출판 아름다운사람들
주소 (10881) 경기도 파주시 회동길 103
대표전화 (031) 955-1001 **팩스** (031) 955-1083
이메일 books777@naver.com
홈페이지 www.books114.net

생각의길은 (주)도서출판 아름다운사람들의 교양 브랜드입니다.

ISBN 978-89-6513-525-8 03330

Vajournal : Feminist interactions and interventions
Copyright © 2017 Cicada Books
All rights reserved. No part of this book may be used or reproduced in any manner whatever without written
permission, except in the case of brief quotations embodied in critical articles or reviews.
Korean Translation Copyright © 2018 by BeautifulPeople Publishing
Published by arrangement with CICADA BOOKS, through BC Agency, Seoul.

이 책의 한국어판 저작권은 BC에이전시를 통한 저작권자와의 독점 계약으로 (주)도서출판 아름다운사람들에 있습니다.

이 도서의 국립중앙도서관 출판예정도서목록(CIP)은 서지정보유통지원시스템 홈페이지(http://seoji.nl.go.kr)와
국가자료종합목록시스템(http://www.nl.go.kr/kolisnet)에서 이용하실 수 있습니다. (CIP제어번호 : CIP2018033328)

파본은 구입하신 서점에서 교환해 드립니다.
이 책은 신 저작권법에 의하여 보호를 받는 저작물이므로 무단 전재와 복제를 금합니다.

내 몸을 쓰고, 그리고, 탐구하는 시간

페미 다이어리

이자벨라 버넬 쓰고
홍주연 옮기다

MY B♥DY = ♥ my RULES

안녕하세요.

이 책은 **페미 다이어리**입니다!
페미니스트이자 여성으로서 언제 어디서나
당당해지기 위한 방법을 **탐구**하는 책이죠.

이 책에는 다양한 일러스트와
쉽지만 의미 있는 활동이 담겨 있습니다.

하나씩 따라 하다 보면 페미니스트가 생각하고
행동하는 원칙과 기준이 뭔지 알 수 있을 겁니다.

페미니즘은 그냥 이론이 아닙니다.
그리고 진짜 페미니즘은
우리 일상에 드러날 수밖에 없습니다.

자신의 가슴이 이상하게 생겼다고 생각하나요?
한번 그려 보세요!

혹시 오늘 **성희롱, 성차별**에 대한 기사를 봤나요?
그럴 때 어떤 기분이 드는지 찬찬히 생각해 보고 써 보세요!
여러분의 감정을 **솔직하게** 적을 수 있는 페이지와
직접 그림을 그리고 낙서를 할 수 있는 공간이 있는
이 책은 **가부장제와 맞서는** 싸움의 동료가 되고
자신의 **진짜 모습**을 찾을 수 있게 도와줄 겁니다.

아니, 뭐 그 정도까진 아니더라도 **멋진 페미니스트**인
여러분의 생각과 감정을 탐구하는 데는
분명히 **도움**이 될 겁니다.

이제부터 오로지 **여러분 자신**만을 위해
쓰고, 그리고, **탐구**해 보세요!

과즙미 넘치는
섹시남이
돌아왔다!

page3
섹시남

영국 대표 타블로이드 지 〈더 썬〉은 매번 본문 3페이지에
글래머러스한 여성 모델의 사진을 크게 실었다.
이것을 두고 '3페이지의 섹시녀'(page3 babe)라고 불렀다.
이는 곧 다른 잡지들에까지 유행처럼 번졌다.
페미니스트들이 꾸준히 항의한 결과 2015년에야 사라졌다.

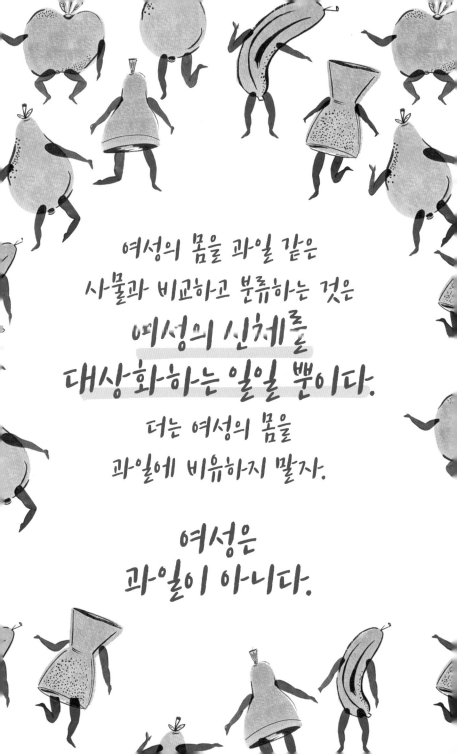

여성의 몸을 과일 같은
사물과 비교하고 분류하는 것은
여성의 신체를
대상화하는 일일 뿐이다.
더는 여성의 몸을
과일에 비유하지 말자.

여성은
과일이 아니다.

내 몸에 관한 나만의 느낌을 글로 쓰거나 그림으로 그려 보자.

내 몸을 직접 그려 보는 것도 좋다.

남들이 내 몸에 관해 했던
최고의 말과 최악의 말은
무엇인가?

가까운 사람 세 명을 떠올려 보라.
그들의 몸에 관해 떠오르는 생각을
글로 쓰거나 그림으로 그려 보자.

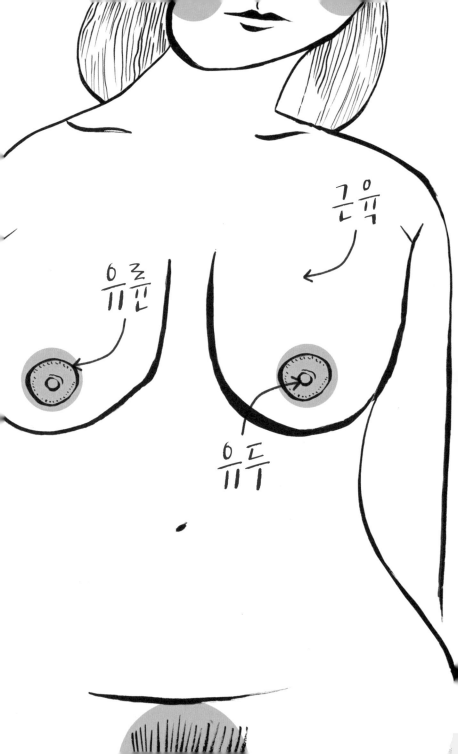

여러 가지

가슴 혹은 젖, 찌찌, 유방... 을

그려 보자

사람의 가슴은 전부 다르게 생겼다.
그리고 그다지 신비로울 것도 없는 부위다!

내 가슴을 그려 보자.

있는 그대로 솔직하게 그릴 것!
사진을 찍어서 따라 그리는 것도 좋은 방법이다.

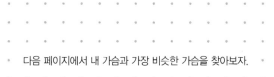

다음 페이지에서 내 가슴과 가장 비슷한 가슴을 찾아보자.

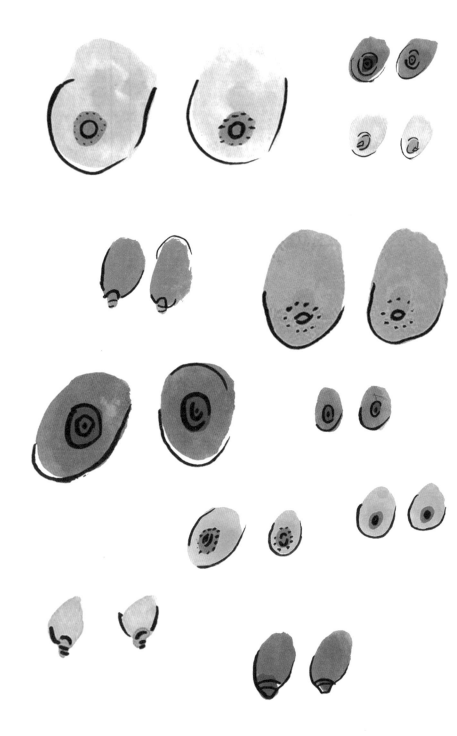

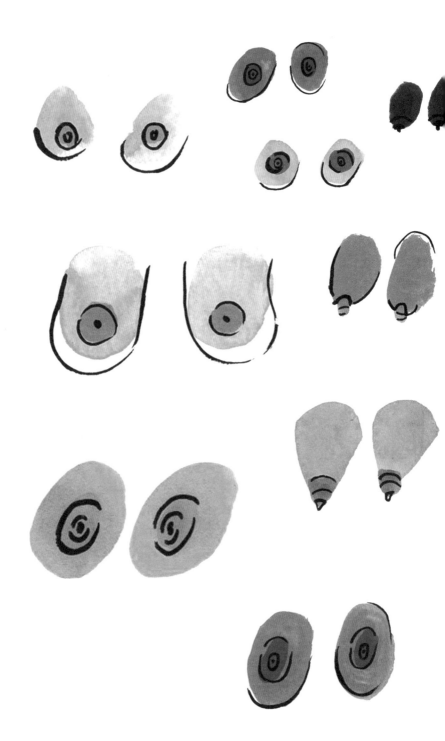

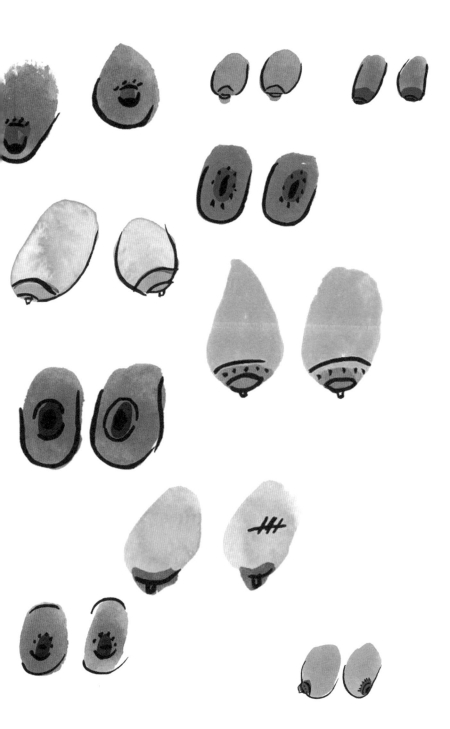

포토샵 보정으로 만들어진 미디어 속 여성들의 이상화된 몸은 지나치게 비현실적이지만 동시에 흔히 볼 수 있다. 우리는 무의식중에 그런 몸을 자신의 몸과 비교하고 열망한다.

대안적인 잡지를 기획해 보자. 여성들에게 진짜 필요한 이야기는 뭘까?

몸에 대한
자신감을
잃는 것은
자기 자신에 대한
자신감을
잃는 것이다.

_시몬 드 보부아르

나의 음모 스타일을 알자.

원하는 건 (뭐든지) 시도해 보길!

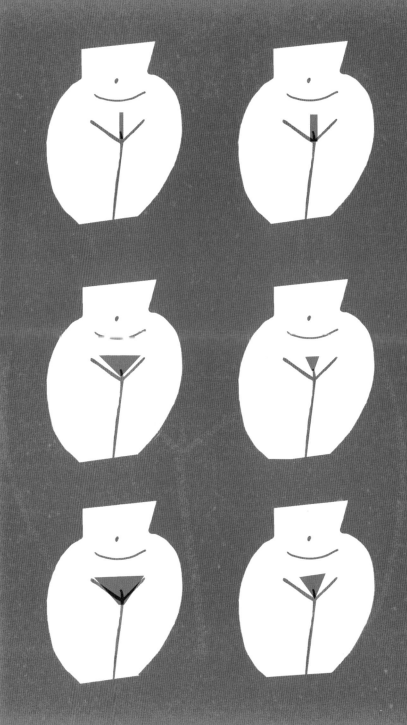

나의 현재 음모를 그려 보자.

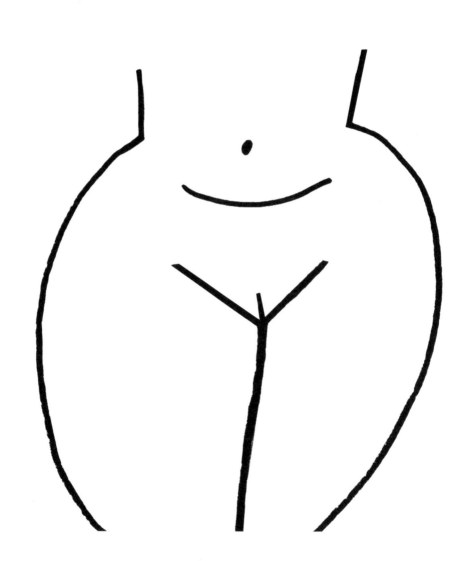

새롭고 독특한 스타일을
디자인해 보자.

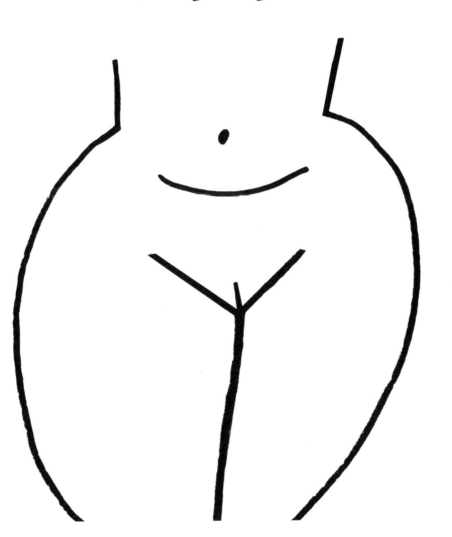

'질'에 대한
탐구

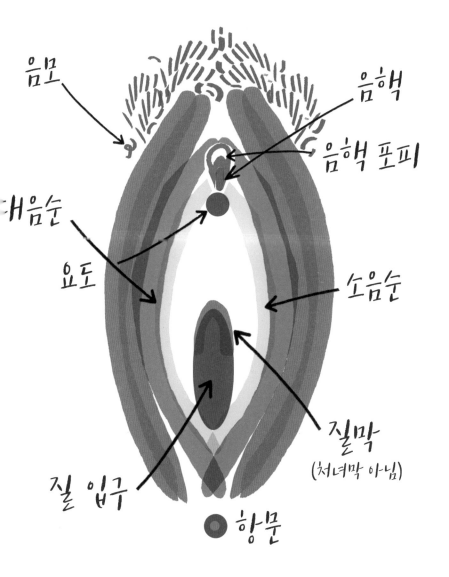

음모

음핵

음핵 포피

대음순

요도

소음순

질막
(처녀막 아님)

질 입구

항문

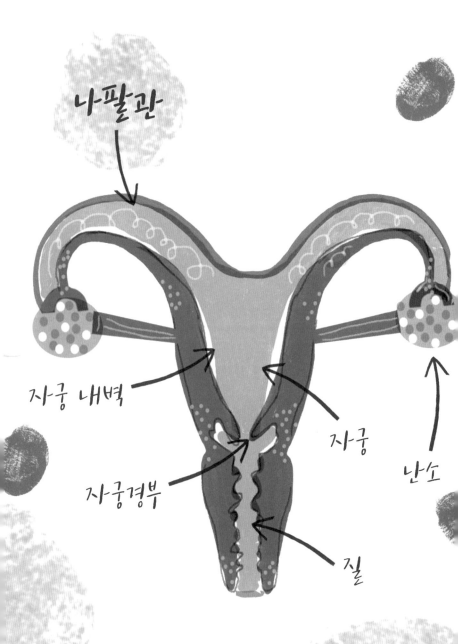

나팔관

자궁 내벽

자궁경부

자궁

난소

질

나는 지금

생리 중

세상의 모든 여성은 생리를 하지만
생리에 관한 얘기는
부끄러워하거나 쉬쉬하는 경향이 있다.
감정 기복이 심하면 생리 중이라고 넘겨짚고,
생리대 광고에서는 생리대 위에 뭔지 모를
파란색 액체를 붓는 모습만 보여 줄 뿐이다.

이제 침묵과 오명을 깨부술 때다!

피가 있으리라!
(그냥 있는 그대로 받아들이길.)

생리에 관해 얘기해 보자.

첫 생리는 어땠는가?
생리는 얼마나 규칙적인가?
생리 기간은 며칠인가?
생리 기간에 섹스를 하는가?
생리 전후로 어떤 기분이 드는가?

지금 쓰고 있는
생리용품들을 그려 보자.

일회용 생리대, 면 생리대, 탐폰, 생리컵 등등

그녀가 피를 흘릴 때면
내가 알고 있는
냄새의
색이 바뀐다.
그런 날
그녀의 영혼 안에는
쇠가 있어,
총과 비슷한
냄새가 난다.

_지넷 윈터슨

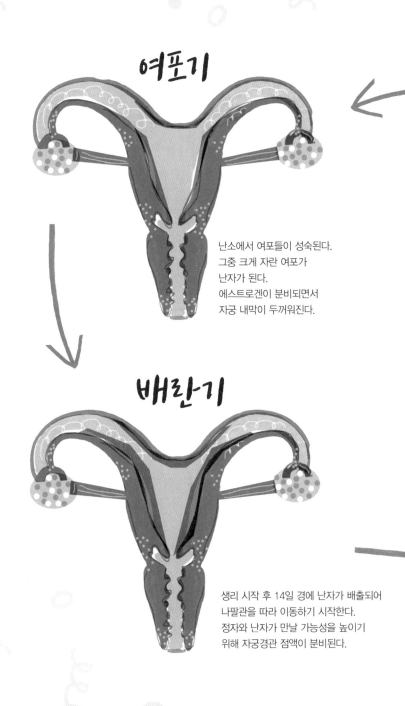

여포기

난소에서 여포들이 성숙된다.
그중 크게 자란 여포가
난자가 된다.
에스트로겐이 분비되면서
자궁 내막이 두꺼워진다.

배란기

생리 시작 후 14일 경에 난자가 배출되어
나팔관을 따라 이동하기 시작한다.
정자와 난자가 만날 가능성을 높이기
위해 자궁경관 점액이 분비된다.

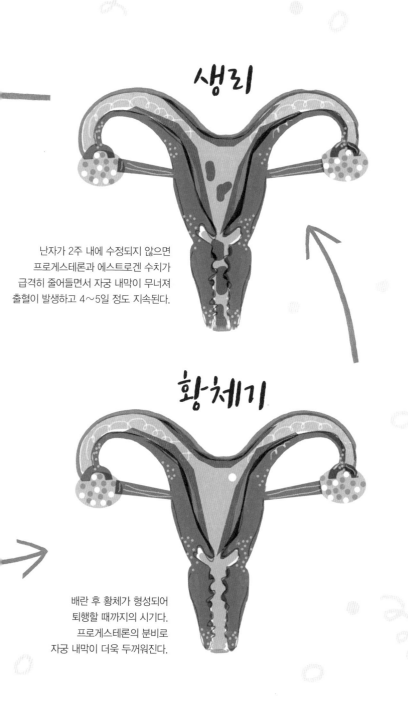

생리

난자가 2주 내에 수정되지 않으면
프로게스테론과 에스트로겐 수치가
급격히 줄어들면서 자궁 내막이 무너져
출혈이 발생하고 4~5일 정도 지속된다.

황체기

배란 후 황체가 형성되어
퇴행할 때까지의 시기다.
프로게스테론의 분비로
자궁 내막이 더욱 두꺼워진다.

생리에 관한 몇 가지 진실

연구에 따르면 여포기 동안에
공감 능력이 높아진다고 한다.

황체기 동안에는 에너지를 2.5~11%
더 소모하게 된다. 이 기간에는 여성의
식사량이 10% 이상 늘어나는 경우가
많은데, 이는 신체에 더 많은 지방과
단백질을 저장하기 위해
프로게스테론이 작용하기 때문이다.

서양 여성들은 평균적으로
평생 약 450번의 생리를 한다.
선사 시대 여성들은
약 50번밖에 하지 않았고,
농업을 주로 하는
개발도상국 여성들은 150번 정도 한다.

여성의 난자는 인체에서
가장 큰 세포다.
육안으로 볼 수 있는
유일한 세포이기도 하다.

현대 여성들이 평생 사용하는
탐폰의 개수는 최대 11,000개,
생리용품에 쓰는 돈은
평균 3천만 원에 달한다.

영국에서는 탐폰에 5%의 세금이 붙지만
남성용 일회용 면도기에는
세금이 붙지 않는다.

3천만 원의 공돈이 생긴다면
어디에 쓰겠는가?

생리 주기를 기록하자

마지막으로 생리를 한 기간에 색을 칠한다.
4~5개월 정도 생리 기간을 기록해
평균 주기를 파악한 후
남은 달의 생리 예정일을 표시해 보자.

1월

1	2	3	4	5	6	7
8	9	10	11	12	13	14
15	16	17	18	19	20	21
22	23	24	25	26	27	28
30	31					

2월

1	2	3	4	5	6	7
8	9	10	11	12	13	14
15	16	17	18	19	20	21
22	23	24	25	26	27	28

3월

1	2	3	4	5	6
8	9	10	11	12	13
15	16	17	18	19	20
22	23	24	25	26	27
30	31				

4월

1	2	3	4	5	6	7
8	9	10	11	12	13	14
15	16	17	18	19	20	21
22	23	24	25	26	27	28
30						

5월

1	2	3	4	5	6	7
8	9	10	11	12	13	14
15	16	17	18	19	20	21
22	23	24	25	26	27	28
30	31					

6월

1	2	3	4	5	6
8	9	10	11	12	13
15	16	17	18	19	20
22	23	24	25	26	27
30					

7월

2	3	4	5	6	7
9	10	11	12	13	14
16	17	18	19	20	21
23	24	25	26	27	28
31					

8월

1	2	3	4	5	6	7
8	9	10	11	12	13	14
15	16	17	18	19	20	21
22	23	24	25	26	27	28
30	31					

9월

1	2	3	4	5	6	7
8	9	10	11	12	13	14
15	16	17	18	19	20	21
22	23	24	25	26	27	28
30						

10월

2	3	4	5	6	7
9	10	11	12	13	14
16	17	18	19	20	21
23	24	25	26	27	28
31					

11월

1	2	3	4	5	6	7
8	9	10	11	12	13	14
15	16	17	18	19	20	21
22	23	24	25	26	27	28
30						

12월

1	2	3	4	5	6	7
8	9	10	11	12	13	14
15	16	17	18	19	20	21
22	23	24	25	26	27	28
30	31					

그동안 나와 잤던 사람들 리스트

이니셜도 괜찮다!

피임법은 생각보다 다양하다.

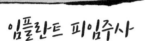

임플란트 피임주사

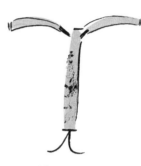

코일형 피임장치

피임약

질 내 고리

피임 스펀지

사후 피임약

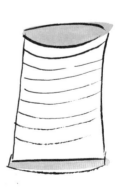

여성용 콘돔

주사

피임 패치

남성용 콘돔

피임용 질 좌약

금욕

살정제

질외사정

그동안 내가 차고 싶었던
사람들 리스트

내 성(sexuality)은
타락하기 쉽다며 억압하고
감정에 휘둘릴 거라며
통제해야 하는
열등한 특성이 아니다.

_앨리스 백

당신의 머릿속에서 일어나는 일

여성은 남성보다 우울증과 불안에 시달릴 가능성이 두 배나 높다. 연구에 따르면 여성은 자신의 문제를 내면화하고 마음의 짐을 혼자 짊어지려는 경향이 강하다. 반면 남성은 문제를 좀 더 밖으로 표출하고, 그 원인을 술이나 분노 같은 환경 탓으로 돌리는 경향이 강하다.

내 머릿속에서 일어나는 일을 그려 보자.
가장 큰 부분을 차지하는 일은 무엇인가?

내 머릿속을 채우고 있는
불안한 생각들을 모조리 적어 보자.

4주 동안
매일
시간을 내어
마음속 상태를
그림으로
표현해 보자.

월요일

1	2
3	4

화요일

1	2
3	4

수요일

1	2
3	4

목요일

1	2
3	4

금요일

1	2
3	4

토요일

1	2
3	4

일요일

1	2
3	4

더는
미안해하지
말자

여성들은 지시를 하거나 의견을 내면서 스스로를 깎아내리거나 사과하는 경향이 있다.

하루에 '미안', '그냥', '아무것도 아니야'라는 말을 얼마나 많이 쓰는지 표시해 보자.
그렇게 말한 이유를 적고 그 사과에 정말 진심이 담겨 있었는지 생각해 볼 것!

'미안'이라고 말함

☑ ☐ ☐ ☐ ☐ ☐ ☐ ☐ ☐ ☐

'그냥'이라고 말함

☑ ☐ ☐ ☐ ☐ ☐ ☐ ☐ ☐ ☐

'아무것도 아니야'라고 말함

☑ ☐ ☐ ☐ ☐ ☐ ☐ ☐ ☐ ☐

그렇게 말한 이유: _____

_____

_____

_____

_____

_____

내가 지나치게 자주 쓰는 말에는
또 무엇이 있을까?
자신을 깎아내린 적이 있다면
언제인가?
그 계기와 이유는 무엇인가?

페미니즘이나 여성에 관한
인상적인 어록을 써 보자.

남자가 의견을 내면
상남자지만

여자가 의견을 내면
썽년이
된다.

_베티 데이비스

Pussy를 보고 싶다면 페이지를 넘기시오.

* Pussy: 여성의 성기 혹은 고양이를 가리키는 단어

믿을 수 없는

런던 내셔널 갤러리가 소장한
작품 2,300점 중에 여성이 그린
작품은 10점에 불과하다.

2015년에 흥행한 상위 250편의
영화 중 여성이 감독한 작품은
5%뿐이다.

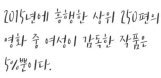

매주 2명의 여성이
현재 혹은 과거의 파트너에게
살해당한다.

다이어트 산업의 규모는
연간 30조 원에 달한다.

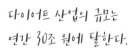

통계들

시급 중앙값으로 계산한
남녀의 임금 격차는 18%다.

* 대한민국은 약 30%다. (2017년 기준)

CEO

〈포츈〉 지 선정 500대 기업의
CEO 중 여성의 비율은 4%다.

영국 내각 구성원 22명 중
여성은 4명이다.

13세 소녀들의 53%가
자신의 몸에 만족하지 못한다고
답했다.

여성은 남성보다

18% 더 적게 번다.

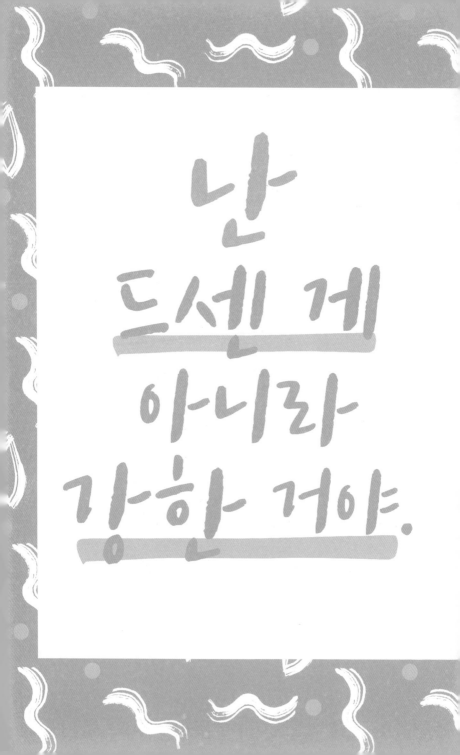

인생의 목표와 야망을 써 보자.
5년 후에는 어떤 사람이 되고 싶은가?
그 목표를 어떻게 이룰 것인가?

전통적으로 **경제적 세계관**을
규정하는 중요한 일들은
주로 **남자들**이 해 왔다.

여자들의 일은 그 '**나머지**',
즉 남자들이 직접 하지는 않지만
그들이 원하는 일을 하려면
누군가
대신해 주어야 하는
일들이다.

_카트린 마르셀

여성은 남성보다 육아에서 더 큰 역할을 수행하고,
여성 10명 중 8명은 남성 파트너보다
집안일을 더 많이 한다.

어머니와 아버지는 가정에서
각각 어떤 일을 담당하고 있는가?

어머니	아버지

의식하기

혹시 습관적으로 **내 탓**이라고
치부해 버리는 것들이 있는가?
내가 소극적이어서 그래,
내가 짧은 치마를 입어서 그랬던 거야….
만약 내 탓이라고 말하지 않기 시작하면
어떻게 될까?

컬러와 성별에 따른 마케팅은
남아용 장난감과 여아용 장난감을
확실하게 구분한다.
건설이나 기술과 관련된 활동적인 장난감은
남아용이고 인형과 주방 놀이 등
가정적인 장난감은 여아용인 경우가
대부분이다.

명백하게 여성들은 요리를 하고
남성들은 일을 한다는
메시지를 전달하는 것이다.

어렸을 때 갖고 놀았다면 좋았을 장난감을 디자인해 보자.

지금 갖고 놀 수 있는 장난감도 좋다.

- 그런 옷을 입다니 너 정말 용감하구나.
  - 실물이 더 예쁘네.
- 축구를 좋아할 것처럼 보이진 않는데.
- 넌 외모에 신경을 쓰지 않아서 좋아.
- 그렇게 자립심이 강하다니 멋지네.
  - 넌 취하면 진짜 재밌어.
- 이렇게 예쁜데 왜 애인이 없어?
  - 넌 정말 강한 사람이야.

'미묘한 차별'(microaggression)은 억측과 고정관념에서 비롯되어
결국은 상대를 깎아내리는 칭찬을 뜻하는 용어다.

학구적인
성향을 지닌 여성은
대개
생식기에
뭔가
문제가 있게
마련이다.

_프리드리히 니체

다이어트 중이라더니
치즈를 한 조각
더 먹더라.

_앙겔라 메르켈에 관해
니콜라 사르코지가 한 말

지금까지 들었던 여성에 관한 말 중 가장 화가 났던 말은 무엇인가?

탁월한 작가이자 만화가인 앨리슨 벡델은 영화 속의 성 평등 문제를 조명하기 위한 테스트를 고안해 냈다.

벡델 테스트

- 극 중에 이름을 밝힌 여성이 두 명 이상 나올 것
- 이들이 서로 대화할 것
- 대화 내용에 남성과 관련된 것이 아닌 다른 내용이 있을 것

TV 예능 프로그램이나 드라마, 영화를 생각나는 대로 적어 보자.
그중에서 몇 작품이나 벡델 테스트를 통과하는가?

_____

_____

_____

_____

_____

_____

영화나 드라마에 남성과 여성이 함께 등장하는 장면 중 기억에 남는 장면을 그려 보자.

글로 묘사해도 좋다.

가장 좋아하는 여주인공은 누구인가?

좋아하는 영화 속
여성의 역할은 무엇인가?
왜 그 영화를 좋아하는가?

우리가 별거 아니라며
애써 무시하는 사건들도
성차별을 은폐하는 데 분명히 일조한다.
인식하지 못하는 문제에 관해서는
토론도 이루어지지 않기 때문이다.
엄연히 눈에 보이는 곳에서 일어나는데도
주목받지 못하는 평범한 사건들
또한 마찬가지다.
성차별이 일상 속에 너무 깊이 뿌리박혀 있는
사회에 살다 보니 우리는 더 이상
그것에 신경을 쓰지도,
반대하지도 않게 되었다.
성차별은 사회적으로 용인되는 편견이며,
모두가 거기에 가담하고 있다.

_로라 베이츠, 『일상 속의 성차별』

내가 경험한 일상 속 성차별을 모조리 적어 보자.

#MeToo
#WithYou

학교나 회사, 가정 안에서 경험하거나 목격한 성희롱이나 성폭행 사례가 있는가?
용기를 내어 이곳에 적어 보자.
세상을 바꾸는 힘은 이미 우리 안에 있다.

MANSPLAINING

상대방이 자신보다 많이 알 수도 있다는 사실을
고려하지 않고 설명하려 드는 것.
주로 남자가 여자에게 많이 한다.

-릴리 로스먼

맨스플레인과 관련된 경험을 적어 보자.

맨스플레인의 단골 주제에 대해 써 보는 것도 좋다.

우리는 도저히 달성할 수 없을 정도로 높은
기준에 몸과 마음을 맞추도록 배워 왔기 때문에
남성들보다 다른 여성들에게
더 비판적이기 쉽다.

내면화된 여성 혐오와 싸우려면 용기와
명확한 자기 인식이 필요하다.
잘 알지도 못하는 여성을 흉보고 싶을 때마다
여기에 기록해 보자.
그 여성을 나쁘게 생각하는 이유와
만약 남성이었어도 같은 생각을 했을지
숙고해 볼 것.

MY RULES
MY BODY